HISTOIRE

DE LA

MUSIQUE

—

HONGRIE

HISTOIRE

DE LA

MUSIQUE

PAR

ALBERT SOUBIES

—

HONGRIE

PARIS

LIBRAIRIE DES BIBLIOPHILES

E. FLAMMARION SUCCESSEUR

Rue Racine, 26, près de l'Odéon

—

M DCCC XCVII

PRÉFACE

Les lecteurs des monographies que, dans la présente collection, nous consacrons à un certain nombre de nationalités musicales européennes, ne doivent pas s'étonner de voir, au cours de ces études, la Hongrie venir immédiatement après le Portugal. En effet, nous ne nous préoccupons point ici de l'ordre géographique, pas plus que nous ne nous en sommes inquiété dans la succession des travaux plus étendus que nous avons donnés ou que nous destinons à la Bibliothèque de l'Enseignement des Beaux-Arts. Il nous a semblé qu'un élément assez

piquant de variété pouvait naître, au
contraire, des grandes diversités de
races, de mœurs, de destinées, existant
entre les peuples qui se trouvent ainsi
assez inopinément rapprochés dans la
série de nos publications. Très diffé-
rents par le sujet, ces chapitres indé-
pendants de l'histoire artistique n'offrent qu'un seul genre de rapports :
tous ils sont traités selon la même mé-
thode, conçus d'après un plan unique,
et, nous sera-t-il permis de l'ajouter,
rédigés avec la même conscience.

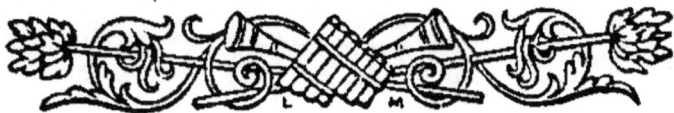

I

L'élément hongrois dans la musique allemande. — Les origines de l'art hongrois. Klingsohr et Tinôdi. — Musique instrumentale : Bacfart. — Gallitz et Kusser. — Etudes théoriques.

Une observation préliminaire est ici indispensable : dans les pages qui suivent, nous nous occupons particulièrement de l'élément vraiment *hongrois*, nous appliquant à faire ressortir ce qu'ont fait pour l'art musical, ce que lui ont apporté de vivace et de neuf, les Magyars proprement dits. Beaucoup des artistes nés en Hongrie, de Hummel à Joachim, de Heller à Goldmark, n'appar-

tiennent pas à cette race. Nous
avons été amené à les faire figurer,
aussi bien que Liszt lui-même, dans
notre *Histoire de la musique allemande*. Leurs travaux en effet, pour
une foule de raisons, ne peuvent être
séparés de ceux de l'école germa-
nique, à laquelle ils ont fourni un
apport des plus significatifs, une col-
laboration des plus précieuses. Nous
éviterons, autant que possible, tout
ce qui serait une redite, et nous nous
efforcerons principalement d'appeler
l'attention du lecteur sur l'évolution
qui a, peu à peu, mis la Hongrie en
possession d'une musique lui appar-
tenant en propre, et où le caractère
local se dessine d'une façon indivi-
duelle.

**

Le goût musical, l'aptitude à la

composition et à l'exécution ont été, de fort bonne heure, très développés en Hongrie. La légende et l'histoire se réunissent ici pour alimenter la tradition. Au Moyen Age, on rencontrerait la trace de plus d'un trouvère né en Hongrie, depuis Klingsohr jusqu'à Tinôdi. Au xvie siècle, la virtuosité instrumentale trouva, dans le même pays, quelques-uns de ses meilleurs représentants, surtout en ce qui concerne le luth. Il suffit à cet égard de rappeler le nom de Bacfart qui a composé pour son instrument, et de qui plusieurs pièces, remarquablement écrites, figurent dans le *Thesaurus harmonicus* de Besard. Rappelons également, dans un genre plus sévère, les noms de deux compositeurs protestants, Sztarai et Etienne Beythe, qui ont écrit des psaumes hongrois.

Le xviie siècle nous présente aussi quelques artistes originaires de ces régions. Par exemple, à cette époque, nous trouvons tour à tour à Prague, à Vienne, à Iéna, Konwalynka, né à Szakolcza, qui eut de la réputation, et de qui l'on a conservé un beau morceau religieux sur les paroles : *Christe tibi vivo*, pour basse solo, avec accompagnement de viole *da braccio*.

De Hongrie venait aussi Gallitz, qui devint recteur du gymnase à Brême, et qui a laissé en manuscrit des œuvres d'un tour savant, d'un style solide et sérieux. Citons pareillement le père Kájoni, auteur d'ouvrages intitulés : *Missa Tyrnaviensis, missa Kismartoniensis, missa Siculorum*, dont certaines parties ont un caractère hongrois très accusé.

Mentionnons encore Sigismond

Kusser, qui débuta comme instru-
mentiste dans l'une des chapelles que,
dès ce temps-là, entretenaient en leurs
résidences beaucoup de ces magnats,
dont les prédilections pour la musique ont toujours été très vives.
Kusser mena par la suite une vie er-
rante qui le conduisit tour à tour à
Paris, à Stuttgard, en mainte autre
ville allemande, puis en Italie, en
Angleterre et en Irlande. Mattheson
a vanté son habileté de chef d'orchestre. Un opéra de lui, *Erindo*,
cut monté à Hambourg en 1693.

Dans ce qui se rapporte à la litté-
rature musicale, nous indiquerons les
travaux, rédigés en latin, de Buly-
ouszky. Il s'est occupé de la construc-
tion des orgues et des questions rela-
tives au « tempérament » dans les
instruments à clavier.

II

Le xviiiᵉ siècle. Le prince Paul Esterhazy.
Musique sacrée et musique dramatique.
— La virtuosité instrumentale.

En passant au xviiiᵉ siècle, nous
rencontrons tout d'abord le nom illus-
tre du prince Paul Esterhazy, compositeur distingué de musique religieuse, auteur d'un grand ouvrage
intitulé : « *Harmonia Cælestis, seu
Melodiæ Musicæ Per Decursum totius
anni, adhibendæ ad usum Musicorum,
authore Paolo Sacri Romani Impery
principe Estoras de Galantha, Regni
Hungariæ Palatino, Anno domini*

1711 ». Ce volume contient cin-
quante-cinq airs, avec accompagnement d'orgue ou d'orchestre, d'un caractère nettement hongrois. M. Bar-

Le prince Paul Esterhazy

talus en cite de curieux fragments
dans l'étude sur la musique hongroise qui fait partie de l'ouvrage
du regretté archiduc Rodolphe, ouvrage d'après lequel, disons-le en passant, nous avons reproduit le portrait

du prince Paul Esterhazy et celui de la célèbre cantatrice Mme Hollósy.

Il convient ensuite, pour la même période, de relever certaines particularités, en petit nombre, mais intéressantes, notamment la traduction en hongrois, par Marothy, des psaumes qu'il mit en musique. C'est, par parenthèse, le même Marothy qui, étant professeur à Debreczin, publia, en 1743, le premier traité d'harmonie qui ait paru en hongrois. Druschetzky, attaché, à la fin du siècle, au service du prince de Grasalkovicz, a eu la spécialité de composer pour les instruments à cordes. Son ballet de *Inkle et Yariko* semble, par son titre, annoncer un sujet national. Il toucha encore au théâtre par son opéra de *Persée et Andromède.* — Les très nombreuses chansons hongroises d'Amadé ne doivent pas être oubliées. Il en composait à la fois les paroles et la musique. —Inscrivons encore ici les noms de Lavotta et de Csermak comme ceux de deux des artistes hongrois les plus réputés de cette période. Les compositions de Lavotta, notamment, sont, grâce à leur saveur de terroir, encore très appréciées aujourd'hui.

***

Dans l'ordre de la virtuosité instrumentale, vers la fin du siècle, commence à se produire la famille hongroise des Fodor.

Joseph Fodor fut un violoniste dont la manière avait beaucoup de largeur et d'autorité: Pour le piano, Hadrawa compta entre ceux qui, à cette date, ont su s'en servir avec le plus de sûreté et d'élégance. Di-

plomate, en même temps que musicien, il fut secrétaire d'ambassade
tour à tour à Berlin et à Naples.
Durant son séjour en cette dernière
ville, il donna des leçons au roi Fer-
dinand IV.

III

La musique des Tziganes. Bihari. — La composition savante : Sonnleithner, Rœsler et Fuss. — Le XIXe siècle. Hummel, Stephen Heller, Liszt, Goldmark. — Les virtuoses : Singer et Joachim.

C'est à une époque éloignée qu'il faut faire remonter l'extraordinaire efflorescence de la musique des Tziganes en Hongrie. Sans doute cette musique est l'œuvre d'une race étrangère et mystérieuse dont il est difficile de déterminer l'origine authentique. Mais c'est à tort que l'on a contesté la provenance hongroise des rythmes et des mélopées que les Tziganes affectionnent. Ce qui le prouve, c'est que, s'ils ont eu des congénères dans les autres parties de l'Europe, c'est seulement en Hongrie que leur étonnante aptitude musicale s'est développée au contact des Magyars, auxquels ils ont emprunté les éléments brillants et piquants qui constituent leur style propre.

L'existence, anciennement, d'une couleur musicale hongroise nous est révélée par des indications comme celle-ci : *all' ongarese*, qui figure en tête de l'une des parties d'un trio d'Haydn ; le séjour du maître au château des princes Antoine et Nicolas Esterhazy avait pu lui fournir, en ce sens, des indications précieuses. Les Tziganes ont mis leur verve, leur fougue, leur ardeur impétueuse, leur entrain parfois diabolique, au service

d'un genre dont les coupes et les
types leur étaient offerts par la tradition autochtone. De là sont résultés
leurs *Verbunkos*, leurs danses de ta-
vernes ou *Csardas*, leurs danses de
palais ou *Palotas*, et leurs *Hallgato
nota*, morceaux qu'on « écoute »,
pendant lesquels on ne danse pas.

C'est en 1769 que naquit le musicien tzigane le plus insigne peut-être
qui ait jamais paru, Bihari, qui, avec
son incomparable troupe, fit l'admiration de toute l'Europe réunie à
Vienne au moment du Congrès. On
ressentit une impression nouvelle,
intense, en présence de ces musiciens bizarres, irréguliers, pleins de
fantaisie, dont les exécutions pre-
naient l'aspect inattendu d'une sorte
d'improvisation collective. Depuis,
on sait quelles ont été la réussite et
la diffusion, dans le monde entier,

de cette musique tzigane, si colorée, qui doit à la Hongrie le meilleur de son caractère riche en contrastes.

***

C'est surtout dans notre siècle que sont nés, en Hongrie, les artistes qui, par leur carrière et le tour général de leur style, ont, comme nous l'avons dit, des droits à être adjoints à l'école allemande, et à ne pas être séparés de son histoire. Mais, dès le XVIIIᵉ siècle, nous trouvons dans ce pays des musiciens dont l'origine allemande est décelée par l'onomastique, et sur lesquels nous ne saurions nous étendre, ici où l'élément magyar est le principal objet de notre étude.

Passons du moins rapidement en revue Sonnleithner, avec sa musique religieuse fort travaillée et la suite de trente-six quatuors qu'il dédia à l'empereur Joseph II ; — Rœsler, qui dirigea les musiciens du prince de Lobkowitz, et qui écrivit pour le théâtre, en italien et en allemand, notamment *Jason*, en cette dernière langue, aussi bien que *Les tristes Aventures d'Elisa, princesse de Bulgarie*, jouées à Vienne, sans parler de ses pantomimes à caractère comique, de sa cantate sur la mort de Mozart, etc., etc. ; — et Fuss, qui, avant de diriger la musique au théâtre de Presbourg, s'était exercé en travaillant pour la scène de société d'un château, dans une famille noble chez laquelle il était précepteur. On doit aussi mentionner l'œuvre théorique de Rigler, imprimée à Ofen, et accorder un souvenir à Antoine Krafft, malgré sa naissance en Bohême, à cause du long séjour qu'il fit, comme violoncelliste, dans les chapelles de deux grands seigneurs hongrois, les princes Nicolas Esterhazy et de Grasalkovicz.

***

, Au seuil de notre siècle, en nous plaçant toujours au même point de vue, nous rencontrons Hummel, dont le style de compositeur et la technique de pianiste n'offrent que rarement à l'analyse, (par exemple dans l'adagio de la sonate en *la* bémol), un caractère véritablement hongrois. Hummel était né à Presbourg, et il fit partie pendant quelque temps de la maison du prince Nicolas Esterhazy, pour lequel il écrivit ses premiers essais de musique religieuse.

, Natif de Pesth, Stephen Heller, que nous avons eu lieu de caractériser ailleurs, a surtout résidé à l'étranger, en Allemagne et en France, et sa musique, pleine d'imagination et de grâce, présente un aspect tout individuel, qui ne semble pas devoir grand'chose aux influences de la race et de la patrie.

On n'en peut pas dire tout à fait autant de Liszt. A la vérité, il serait difficile de classer dans l'école hongroise, ni dans aucune autre école, ce génie à part, qui occupe dans l'art une place unique. Mais sans parler de ce qu'il doit à la Hongrie par sa naissance et par la protection que deux grands seigneurs hongrois, les comtes Amadé et Szapary, accordèrent à ses premiers travaux, il s'est, musicalement, préoccupé de la couleur hongroise dans ses fameuses rhapsodies, dans ses marches, dans ses mélodies; dans la *Hungaria*, un de ses « poèmes symphoniques », dans son *Carnaval de Pesth,* dans sa *Lé-*

gende de Sainte Elisabeth de Hongrie.
L'inspiration nationale ne se retrou-
verait-elle pas chez lui jusque dans
cette grandiose *Messe de Gran*, qu'il
composa, pour la consécration de la
basilique de cette ville, à l'instiga-
tion d'un prélat hongrois, le cardinal
Scitovsky?

Plus récemment, Carl Goldmark
peut être cité comme un artiste qui
fait le plus grand honneur au pays
d'où il est issu, mais qui, par sa manière, autant que par la langue des
poèmes sur lesquels il a travaillé, se
rattache directement à l'école germa-
nique.

Il en est de même, dans l'ordre de
la virtuosité, pour deux artistes qui,
nés en Hongrie, ont accompli leur
carrière en Allemagne : le violoniste
Singer qui se fit entendre avec succès au Gewandhaus et qui se vit con-

férer le diplôme de virtuose de la cour de Weimar, et Joachim, musicien du plus profond savoir, exécutant du plus grand style, devenu le directeur très réputé du Conservatoire de Berlin.

IV

L'opéra national. Ruzsicska. Erkel et son œuvre. Les frères Doppler. Mosonyi. Autres compositeurs dramatiques.

Au théâtre, le point de départ de l'opéra traité en langue hongroise, est la *Fuite de Béla*, montée en 1826, et dont Ruzsicska était l'auteur. Mais c'est Erkel que l'on considère généralement comme le véritable initiateur de l'opéra positivement national. Né dans les premières années du siècle, à Gyula, où on lui a élevé une statue, il fut d'abord chef d'orchestre à Ko-

lozsvar, en Transylvanie, et, assez
casanier de sa nature, il n'eut que
vers 1870 la curiosité d'aller à Vienne.

Erkel

Ses principaux opéras sont *Bathory-
Maria*, *Névtelen hosok*, *Bank Ban*,
d'après la tragédie de Katona, et dont
une scène (celle qui se passe au bord
de la Tisza), écrite pour Mme Hollósy, jouit en Hongrie d'une grande.

célébrité ; *Hunyadi*, dont l'ouverture est fréquemment jouée en Allemagne, dont un fragment a inspiré à M. Reyer le principal motif de sa *Marche tzigane*, et qui contient l'entr'acte très réputé, intitulé *Hattyúdal*; *Szent-Jstvan* (*Saint-Etienne*), composé pour l'ouverture de l'Opéra royal de Budapest, etc.

Ces ouvrages où sont fréquemment employés le czimbalom et le tilinko (sorte de petit fifre), instruments populaires en Hongrie, ont obtenu des succès considérables. Malgré leur style un peu composite, ils portent indubitablement le sceau du génie national. Il y a chez Erkel, outre une incontestable habileté, une possession complète des moyens dont dispose l'art dramatique, une rare vigueur, la largeur de la conception, la fermeté de l'idée, le sentiment

scénique. Mais ces qualités précieuses
ne se déploient pas chez lui d'une
façon suivie. On constate des dé-
faillances en cet artiste d'ailleurs
souvent inspiré.

***

Une mention spéciale est due aux
ouvrages des frères Doppler qui
étaient nés dans la Pologne autri-
chienne. L'aîné, Albert-François, a
donné *Ilka*, œuvre qui a vivement
réussi, et qui, créée en 1849, fut, à
sa reprise, en 1854, chantée, dans la
langue originale, par Mme de La-
grange ; *Vanda*, qui date de 1851 ;
Les deux Housards, opéra-comique
réprésenté en 1853. Quant à Charles
Doppler, le frère cadet, on lui doit
Le Camp des grenadiers (1852), et *Le
Fils du désert* (1854) dont le succès
fut très vif.

A côté des Doppler, nous citerons Charles Thern, Huber, père du violoniste Hubay, Czászár, auteur de l'opéra des *Kunok*. L'*Hamlet* de Mareczek, donné à Brunn, a été écrit sur un texte allemand ; mais la langue nationale est celle dont s'est servi Mosonyi, l'artiste hongrois qui, jusqu'à cette date, a peut-être le mieux réalisé l'aspiration de ses concitoyens, et qui a le plus approché de leur idéal, en dégageant le sens et la tendance de leur tradition héréditaire. C'est ce dont témoignent non seulement ses opéras, *La belle Ilonka* et *Almos*, mais aussi ses pièces de piano, que Wagner a connues et louées, ses compositions pour orchestre, ses *lieder* remplis de charme expressif. Rien de plus foncièrement hongrois que *La Vie de la Puszta*, qu'il écrivit pour être insérée dans un re-

cueil offert à l'Impératrice-Reine. En
lisant ces pages colorées et du meilleur
travail, on a l'impression très nette
que l'auteur veut faire résonner une

Mosonyi

note nouvelle, de laquelle il serait
malaisé de trouver ailleurs l'équiva-
lent.

Mosonyi avait abordé l'étude de
la musique d'une manière toute pra-

tique; il approfondit ensuite la théorie et il acquit la rectitude et la
facilité de l'écriture. Jeune, protégé
par le comte Pejacsevich, il s'essaya
dans l'art religieux auquel plus tard,
parvenu à la maturité, il a de nou-
veau voué une partie de son labeur.
Il est curieux et regrettable que plusieurs de ses manuscrits se soient
égarés, ses cantates notamment: Ses
relations avec Liszt ne furent pas
sans influence sur son développement
esthétique. Ecrivain musical, fonda-
teur d'un journal musical spécial, avec
M. Abranyi, dont, par parenthèse,
on vient de célébrer le jubilé artistique, il a défendu et propagé,
en critique, les idées sur lesquelles
son art était fondé, et auxquelles il
avait dû son succès de compositeur.
Ces idées, au reste, étaient, en grande
partie, celles d'Erkel, avec lequel il

fut intimement lié. En somme, il demeurera, dans l'histoire artistique, comme une figure significative. On goûtera longtemps le lyrisme gracieux, tendre, pathétique, dont il a fait preuve au théâtre, aussi bien que le noble sentiment symphonique dont son œuvre pour orchestre, *Le Deuil de Széchenyi*, avec sa curieuse basse obstinée de timbales, est peut-être la plus complète expression.

***

En suivant la série du théâtre, nous avons encore à citer Edmond Farkas, auteur de divers opéras. Signalons aussi la réussite que remporta à Pesth, en 1866, un grand ouvrage, l'opéra *Zrinyi*, d'Adelburg, qui a laissé de jolis quatuors, et qui, comme violoniste, avait été l'élève de Mayseder.

Nous ne pouvons que nommer

Volkmann, saxon par sa naissance. Quant à M. de Mihalovich, auteur de *Hagbart et Signe*, de *Toldi*, et de plusieurs ouvrages symphoniques comme *Héro et Léandre*, il a profondément subi l'influence wagnérienne; il est maintenant directeur de l'Académie de musique.

Le violoniste-compositeur Jeno Hubay ne doit pas être omis. On le regarde comme appelé à réussir brillamment au théâtre pour lequel il travaille. On a de lui un *Aliénor*, et un *Luthier de Crémone* représenté sur plusieurs scènes allemandes.

MM. Elbert et Rainmann méritent une place sur la liste des compositeurs d'opéra. Nommons enfin Szabados, mort très jeune, peu de temps après la réussite de son ballet de *Viora*.

L'opérette a pareillement des représentants en vue, tels que M. Konti et M. Georges Vero, auteur d'une *Sultane* jouée très fréquemment sur le théâtre Népszinhaz ou théâtre populaire de Budapest.

V

L'art du chant et les instrumentistes. Rosner. Wurda. Steger. Mmes Mainvielle-Fodor, Canzi, Tietjens, Hollòsy, etc. — Les pianistes : Bengraf, le comte Zichy. — Les amateurs. — Les instruments à cordes.

Parmi les chanteurs hongrois qui se sont fait un nom, il convient de citer Rosner qui poursuivit sa carrière d'abord à Vienne, puis à l'étranger. Wurda, excellent ténor, a principalement interprété les ouvrages de compositeurs nés au dehors.

Comme cantatrice, au début du

6

siècle, nous rencontrons Mme Mainvielle-Fodor à qui sa façon d'inter-
préter le répertoire italien valut des
ovations. Mme Canzi tenait à la
Hongrie par la nationalité de sa
mère. C'est surtout à la cour de
Wurtemberg qu'elle a été appréciée,
pendant le long service qu'elle y fit.
N'oublions pas l'origine hongroise
de la Tiétjens, cette artiste passion-
née, ardente, vaillante, dont la voix
magnifique était d'une invraisem-
blable solidité, qui rendit avec une
incroyable flexibilité un grand nombre de rôles très variés, et qui voulut,
pour ainsi dire, mourir sur la brèche,
avec une sorte d'héroïsme tout à fait
dans l'esprit de sa race.

D'autres noms doivent trouver place
dans cette liste, ceux, entr'autres,
du ténor Steger, de Mme Hollósy
dont le talent exquis avait pour carac-

téristiques la distinction et l'élégance et qui est devenue dans l'art vocal une véritable figure, le type d'un

Cornélia Hollósy

certain genre de perfection; de Mme Blaha (la Judic hongroise), de Mmes Csillag et Schodel.

***

Nombreux est le contingent des

pianistes hongrois du siècle, à com-
mencer, dès son origine, par Bengraf qui, dans ses compositions se
servit de thèmes populaires. Dési-
gnons ensuite Spech, puis Dœmeny
qui a laissé aussi un bon ouvrage di-
dactique, dont le texte est rédigé en
hongrois et en allemand. Nous trouvons un peu plus tard Skiva, puis le
comte Amadé (Thaddée) que, comme
mprovisateur, on comparait à Hummel. Une figure intéressante est celle
du comte Zichy qui, manchot, privé
du bras droit, arriva, grâce à de pa-
tientes études continuées avec Liszt
et avec Volkmann, à jouer du piano
de la façon la plus fine et la plus
brillante. Lettré, poète, le comte
Zichy devait à ses talents autant qu'à
sa naissance la grande situation dont
il jouissait dans sa patrie. Il est l'auteur des paroles et de la musique

d'un opéra intitulé *Alâr*. — Auprès de lui nommons un autre grand seigneur, le baron Orczy, qui a fait jouer un opéra à Londres. A l'ordre des amateurs se rattachent encore, dans le passé, Mlle Brunswick, à qui Beethoven a dédié la sonate en *fa* dièse majeur, et le baron Podmaniczky. Aujourd'hui, nous rencontrons, dans la même série, un magistrat, M. de Végh, et le célèbre orateur le comte Apponyi.

***

Le Hongrois Henri Ketten, mort trop tôt, avait fait ses études à Paris sous la direction de Marmontel et d'Halévy. Il a laissé, comme pianiste, le souvenir d'un talent vigoureux et personnel. Son frère Léopold occupe, croyons-nous, une situation élevée au Conservatoire de Genève.

A une date plus récente, le pianiste Rafaël Joseffi s'est fait remarquer.

Nous inscrirons ici, parce qu'il naquit à Esterhaz, le nom d'un grand violoncelliste, Nicolas Krafft (le fils d'Antoine cité précédemment). Il émerveilla, en jouant devant eux avec le violoniste Mayseder, les souverains et les grands personnages réunis à Vienne lors du Congrès. Romberg, si difficile à satisfaire, avait pour le talent de Krafft une estime toute particulière.

. Nous parlions à l'instant de Mayseder. Un de ses élèves les plus en vue fut d'Albest, amateur qui servait comme officier dans un régiment de hussards hongrois. Un autre élève hongrois de Mayseder, le baron de Praun, mort à vingt ans, avait suscité l'étonnement et l'admiration par son talent précoce. Les échos de l'étran-

ger ont, plus tard, retenti des succès
de Remenyi, dont le jeu étrange;
véhément, passionné, n'obéissant à
aucune règle, obtenait sur les audi-
toires des effets étourdissants. Quant
à Auer, cet élève de Joachim, classique par le style, moderne par l'in-
tensité de l'expression, a brillamment réussi à Saint-Pétersbourg
où il est devenu professeur au Conservatoire. M. Théodore Nachez
jouit parmi ses compatriotes de la
réputation d'un violoniste distingué.

Aux virtuoses sur les instruments à
cordes, nous joignons un amateur,
Beniezky, qui, s'occupant de questions de facture, imagina la harpe-
guitare (analogue à la Harpolyre de
Salomon), et un violoncelle à six
cordes, renouvelé de l'ancienne basse
de viole.

Puisqu'il est ici question de facteurs, c'est le cas de citer Beregszaszy qui a appliqué la forme voûtée du violon à la table d'harmonie du piano. Lédeczy, en ce sens, ne doit pas non plus être omis. On connaît et l'on apprécie un peu partout les remarquables produits de lutherie de Nemesanyi. Schunda a de la réputation comme constructeur de czimbaloms. On sait l'importance de cet organe dans la musique nationale où est aussi très employé le taragato, sorte de hautbois agrandi et plus grave, un peu analogue au cor anglais.

VI

La composition musicale hors du théâtre. — Littérateurs et théoriciens : MM. Bartalus, de Bertha, Kaldy, etc.

Nous n'avons guère parlé jusqu'ici que des compositeurs hongrois du siècle qui ont touché au théâtre. Parmi ceux qui ne se sont produits que dans d'autres genres, nous signalerons Rozsavolgyi, dont la musique, très rythmée, a beaucoup de caractère ; Georges Adler qui a écrit des sonates, des variations, etc., et qui, ayant habité long-

7

temps Paris, fut très goûté, sous l'empire, notamment aux réceptions du duc de Morny; Udl, qui s'est appliqué à varier des thèmes hongrois; Kirch et ses pièces en forme de danses magyares; Székely, homme de valeur, qui a exploité avec bonheur la veine nationale, principalement dans ses fantaisies, entr'autres le *Souvenir du lac de Balaton;* et Egressy qui, pour le piano comme pour le chant, a demandé aussi ses inspirations à la muse nationale. Il est l'auteur du *Szozat,* l'hymne hongrois.

***

Entre les Hongrois de marque, qui, accueillis et appréciés à Paris, ont le plus contribué à nous faire connaître avantageusement la Hongrie musicale, nous devons placer

M. Alexandre de Bertha. Esprit très
cultivé, M. de Bertha a volontaire-
ment renoncé aux ambitions de carrière pour se consacrer exclusivement
à la musique. Son dessein a été de
donner une forme correcte, classique,
pourrait-on dire, aux éléments four-
nis par l'individualité nationale de
laquelle il se réclame. Citons avec
éloge, à cet égard, ses *Hongroises*
et ses *Palotas* dont le type existe en
Hongrie, à l'état primitif, depuis le
Moyen Age, et qui sont, nous
l'avons dit, l'un des modèles sur lesquels a le plus habituellement travaillé l'art tzigane. Outre l'opéra de
Mathias Corvin, représenté à l'Opéra-
Comique de Paris, il y a une dou-
zaine d'années, il convient de mentionner, parmi les œuvres les plus
importantes de M. de Bertha, la
messe du *Millénaire*.

M. de Bertha est non seulement un musicien distingué, mais un littérateur de mérite dont les travaux sur la musique hongroise ont été plus d'une fois mis à contribution par nous au cours du présent travail. Signalons auprès de lui l'érudit critique musical du *Nemzet*, M. Aranyi, et M. Harrach.

Nous avons déjà nommé M. Bartalus, musicographe d'une science très sûre, professeur de rare mérite, écrivain de talent, ainsi qu'il l'a prouvé dans le tableau de la Hongrie musicale cité plus haut. Il a beaucoup fait pour l'étude du passé musical de sa patrie, et il a publié là plus complète collection qui existe d'anciennes mélodies populaires. Comme s'étant occupé aussi de la restitution des vieux airs nationaux, nous désignerons M. Jules Kaldy, di-

recteur de l'Opéra de Budapest. La
théorie de l'art et la critique ont eu
ou bien ont encore des représentants
distingués en la personne de Max
Schutz, de M. Joseph Sagh, du doc-
teur Érdj.

VII

La musique vocale. Enseignement orphéo-
nique.— Les chefs d'orchestre. — Les édi-
teurs. — La musique de danse. — La
musique religieuse.

Aux noms que nous avons déjà
groupés, il importerait d'en joindre
quelques autres, ceux de Szent-Jrmay,
de Ladislas Zimay, d'Ernest Lanyi,
auteurs de mélodies intéressantes, sans
oublier Victor Langer, Siposs et
François Gal, à qui l'on doit des
quatuors vocaux bien écrits.

D'autres artistes, Jules Major,

Emmanuel Moor, Nikolics, se sont
essayés avec succès dans la musique
instrumentale. — Alexandre Erkel,
le fils du maître dont nous avons
parlé plus haut, est, à l'Opéra et à la
Société philharmonique, un chef
d'orchestre accompli. Rappelons à
ce propos la naissance, en Hongrie,
du grand *Capellmeister* de Vienne
et de Bayreuth, Hans Richter.

Nous nommerons, comme ayant
contribué à répandre la culture de la
musique vocale d'ensemble, les deux
Bartay, le père et le fils. Ce dernier,
à la tête de l'enseignement orphéo-
nique, a rendu de précieux services.
Une féconde influence pédagogique
a de même été exercée par Winkler,
musicien d'une réelle distinction.

Nous nous reprocherions de ne
pas accorder une mention aux édi-
teurs qui ont matériellement favorisé

le développement et la diffusion de
la musique nationale, et tout d'a-
bord à M. Rozsavolgyi, le proprié-
taire de la plus ancienne maison
d'édition de Budapest, l'éditeur
d'Erkel et de Mosonyi. Louons aussi,
pour l'activité qu'ils ont déployée,
M. Mery et la Société *Harmonia*.

*_**

La musique de danse, sous sa forme
la plus élégante, a occupé Jeno Sto-
janovics dont le ballet *Csardas* a
réussi. — C'est l'occasion d'évoquer
le nom d'un musicien d'une généra-
tion antérieure, Kéler-Béla, qui, à
l'étranger, dans la direction de sim-
ples orchestres de danse, à la façon
des Strauss et des Lanner, a acquis
une légitime réputation.

Pour la musique religieuse, depuis
le début du siècle jusqu'à nos jours,

elle nous fournirait quelques noms.
Théoriquement, un prédicateur et
théologien, Molnar, né dans la se-
conde partie du xviii° siècle, s'était
occupé des questions qui se rappor-
tent à ce sujet. Il donna en 1818, à
Pesth (mais en allemand), un judi-
cieux écrit *Sur les chœurs chantants
des églises, leur nécessité, leur fonda-
tion, leur organisation et leur amélio-
ration.* — Dans la composition d'é-
glise, nous trouvons Blahack, mort
à Venise en 1846. Pour Kochlow, il
se fit connaître par son excellente
direction de la maîtrise, à Saint-Mar-
tin de Presbourg. Sous l'impulsion
de l'évêque de Raab, Mgr de Stanko-
vits, le curé du sanctuaire, l'abbé
Kremlitzka, avait restauré, à Saint-
Martin, l'ancienne chapelle instituée
au début du xvi° siècle pour l'exécution de la musique sacrée du genre

le plus sévère. Kochlow, en dirigeant ce chœur, fit preuve de beaucoup de compétence et d'activité.

Plus récemment, l'art religieux nous présente Louis de Beliczay, Maurice Vavrinecz et l'abbé Bogisich, avec ses transcriptions des airs d'église des xvie et xviie siècles.

CONCLUSION.

Les temps sont bien changés depuis le jour où paraissait en Hongrie, en 1836, un livre dû à un écrivain, Hirsch, né dans le pays, mais dont le nom d'ailleurs n'annonce pas une origine magyare. Ce volume ingénieux, souvent piquant, est intitulé *Galerie des compositeurs vivants*. On y trouve des études sur Cherubini et sur Chopin, sur Diabelli, sur Meyerbeer, sur un Anglais, Field, sur un Tchèque, Gyrowetz, etc. Mais pas un compositeur hongrois ne figure dans ce recueil dont l'auteur, au reste, qui avait résidé à Leipzig, et pris part à la rédaction du journal *La Comète*, peut être considéré comme un Allemand.

Actuellement, on aurait lieu de procéder autrement qu'il ne l'a fait. L'énergie nationale, en musique, s'est ravivée ; l'école hongroise a pris conscience d'elle-même et de son importance. Sans restreindre la part faite aux étrangers illustres, conformément aux libérales traditions de ce pays hospitalier, un livre paraissant aujourd'hui en Hongrie sur cette donnée « les compositeurs vivants » aurait à enregistrer le nom de plus d'un maître magyar. C'est ce que nous avons voulu démontrer dans ces pages consacrées par nous à la puissante nation qui, avec ses dix-huit millions d'âmes, exerce une

si grande influence à l'Orient de
l'Europe, et de laquelle, sous des
formes multiples, la prospérité crois-
sante annonce, dans tout ce qui
constitue la haute culture et la civi-
lisation raffinée, une longue période
ascensionnelle.

23 juin 1897.

TABLE

9

Imp. Jouaust, Cerf succʳ.

www.ingramcontent.com/pod-product-compliance
Lightning Source LLC
LaVergne TN
LVHW022137080426
835511LV00007B/1160